Cuisine
MAROCAINE

LES BASIQUES

Cannelle : L'écorce du cannelier, qui renferme une huile essentielle, est moulue pour donner cette poudre au parfum doux et épicé qui agrémente délicieusement les sauces et les plats de poisson. La viande de gibier est excellente enrobée avant la cuisson d'un mélange de cannelle, de poivre, de gingembre, de clou de girofle et de macis.

Citrons confits : Voir la recette page 4.

Coriandre : La graine de coriandre est très employée dans la cuisine marocaine : séchée, elle sert à parfumer la viande et, fraîche, à agrémenter presque tous les plats, en particulier les salades. Certains sont séduits d'emblée par son parfum à la fois doux et aigrelet. Quant aux autres, c'est avec le temps qu'ils apprennent à l'aimer. Vous trouverez la coriandre fraîche dans de nombreux magasins et vous pourrez la conserver une semaine au réfrigérateur, dans un bocal d'eau entouré de film plastique.

Couscous : Bien que traditionnellement servi à la fin du repas, le couscous est un plat complet fait de semoule légère gonflée à la vapeur, d'un riche bouillon de viande et de légumes. Épiceries et supermarchés vendent la semoule.

Couscoussier : Le couscous se prépare dans une marmite à deux étages couverte. La viande et les légumes cuisent dans le bas et la semoule au-dessus.

Eau de fleur d'oranger : On l'obtient du néroli, huile essentielle extraite de la fleur de l'oranger, largement utilisée en parfumerie. Son arôme donne une note subtile aux pâtisseries, aux confiseries, aux liqueurs et aux salades. Elle s'achète en pharmacie et dans les magasins spécialisés.

Gingembre : Séché et moulu, ce condiment très piquant est d'un blanc laiteux. Préférez-le frais, pelé et râpé ou coupé en fines lamelles. Vous pourrez le conserver pendant plusieurs mois au réfrigérateur.

Harissa : Cette sauce piquante est largement employée dans tous les pays d'Afrique du Nord. Composée de piment rouge, de poivre de

Cayenne, d'ail et d'huile d'olive, elle a la consistance d'une mayonnaise légère. Elle accompagne généralement les soupes au safran et les ragoûts. Vous en trouverez la recette page 8.

Pastilla : C'est l'un des plats traditionnels qui ne saurait manquer dans un banquet marocain. Il s'agit d'un feuilleté dont la pâte, légère, très fine et richement décorée, recouvre une farce composée de viande de pigeon hachée, d'œuf parfumé au citron et au miel, d'amandes effilées et de raisins secs. Cette recette date du Moyen Âge. Les variantes plus modernes remplacent quelquefois le pigeon par du poulet.

Persil : Cette plante potagère, dans sa

variété à feuilles plates, est très largement employée dans la cuisine marocaine.

Pois chiches et lentilles : Depuis toujours, ces graines, délicieuses et nourrissantes ont constitué l'apport en calories et en protéines dans l'alimentation marocaine lorsque la viande était rare ou trop chère.

Poivre : Le poivre noir fraîchement moulu est le condiment le plus répandu au Maroc et on l'utilise pour aromatiser ou corser la plupart des plats.

Safran : Il s'agit des stigmates séchés d'une variété de crocus. Très cher, il est employé en petites quantités et il est quelquefois allongé de curcuma moulu, de sel et de paprika. Méfiez-vous donc du safran en poudre bon marché et achetez-le de préférence en brins que vous moudrez vous-même. Vous pourrez ainsi le conserver des années au réfrigérateur, dans un récipient hermétique.

Tajines : Ce sont des ragoûts à base de poulet, de dinde ou de mouton, longuement mijotés, très parfumés et enrichis d'épices variées. Un banquet comporte normalement de nombreuses variétés de tajines.

Citrons confits marocains

Préparation :
1 heure répartie sur 3 jours
Conservation :
3 semaines
Pour 16 citrons

16 citrons à la peau fine
eau
gros sel
jus de citron

1. Lavez soigneusement les citrons. Déposez-les dans un récipient de verre, d'acier inoxydable ou de plastique. Couvrez-les d'eau que vous changerez quotidiennement pendant 3-5 jours.
2. Égouttez-les et faites 4 entailles à la pointe du couteau sur la longueur de chaque citron en laissant 6 mm à chaque extrémité. Coupez ensuite dans les entailles de façon que les citrons soient transpercés mais tenus par les deux bouts.
3. Mettez1/4 de cuiller à café de gros sel dans chaque citron, placez-les dans des bocaux à stériliser ; ajoutez une cuiller à soupe de gros sel dans chaque bocal, le jus d'un citron et recouvrez les fruits d'eau bouillante.
4. Gardez dans un endroit sec pendant 3 semaines.
5. Utilisation : rincez soigneusement le citron sous l'eau froide. Enlevez la pulpe de chaque quart de citron et n'utilisez que la peau.

Remarque : Les bocaux doivent être soigneusement nettoyés et stérilisés avant l'emploi. Après les avoir lavés et rincés, placez-les dans une grande casserole d'eau et laissez bouillir pendant 10 min pour stériliser.

Le secret

La peau est délicieuse coupée en dés dans les salades et pour aromatiser de nombreux plats. Faites votre conserve à la fin de l'automne lorsque les citrons sont les meilleurs.

Lavez les citrons, mettez-les dans un récipient et couvrez d'eau froide.

Faites 4 entailles en laissant 6 mm à chaque extrémité des citrons.

Insérez 1/4 de cuiller à café de gros sel dans chaque citron.

Ajoutez du sel, un jus de citron et couvrez d'eau bouillante.

Faites dorer la viande et les oignons dans l'huile d'olive. Poivrez.

Ajoutez les lentilles ; laissez cuire 1 h la viande et des lentilles.

POTAGES ET ENTRÉES

Un festin marocain débute souvent par une grande variété d'entrées et de potages appétissants que les convives dégustent en petites quantités.

Potage aux lentilles

Simple et copieux.

Préparation : 30 minutes
Cuisson : 1 h 30-2 heures
6 personnes

100 g de lentilles rousses
1 jarret de veau avec os
2 oignons rouges moyens finement émincés
poivre moulu
1/4 de tasse d'huile d'olive
1,5 litre d'eau
2 grosses pommes de terre coupées en julienne
2 belles carottes coupées en julienne
1 bouquet de coriandre fraîche, hachée
jus de citron

1. Couvrez les lentilles d'eau bouillante et laissez reposer pendant 15 min.
2. Versez l'huile dans une casserole à fond épais et faites dorer la viande et les oignons. Poivrez.
3. Couvrez avec 1,5 litre d'eau et amenez doucement à ébullition. Écumez et ajoutez les lentilles égouttées. Laissez cuire 1 heure environ jusqu'à ce que la viande et les lentilles soient tendres.
4. Ajoutez les pommes de terre et les carottes et laissez mijoter jusqu'à la cuisson des légumes. Rajoutez de l'eau si nécessaire.
5. Retirez la viande, détachez-la des os et coupez-la en petits morceaux. Passez les légumes au tamis.
6. Au moment de servir, ajoutez la coriandre hachée, la viande en morceaux et du jus de citron. Vérifiez l'assaisonnement. Servez avec du pain grillé.

Ajoutez les pommes de terre et les carottes coupées et laissez mijoter sans couvrir.

Ajoutez la coriandre hachée, la viande et du jus de citron avant de servir.

Soupe de courge sauce harissa

Préparation :
10 minutes
Cuisson :
20 minutes
6 personnes

2,5 kg de courge
3 tasses de bouillon de poulet
3 tasses de lait
sucre en poudre
poivre moulu
HARISSA :
100 g de piments séchés
6 gousses d'ail pelées
1/3 de tasse de sel
1/2 tasse de coriandre
1/3 de tasse de cumin
2/3 de tasse d'huile d'olive

1. Ôtez la peau, les graines et les fibres de la courge et coupez-la en morceaux. Mettez-la dans une casserole, ajoutez le bouillon et le lait et faites bouillir à découvert pendant 15-20 min.
2. Passez au tamis. Assaisonnez de poivre et d'une pincée de sucre.
3. Sauce harissa : Mettez des gants de caoutchouc ou de coton pour couper les piments et ôter les graines et la tige. Faites-les ramollir dans de l'eau chaude.
4. Écrasez l'ail, le sel, la coriandre, le cumin et les piments égouttés. Versez peu à peu l'huile d'olive sur cette pâte en mélangeant bien.
5. Vous pouvez mélanger la sauce à la soupe ou la servir à part.

Remarque : Gardez les piments secs dans un pot à l'abri de la lumière et de la chaleur.

LE SECRET

Enrichissez la soupe d'un peu de crème fraîche. Vous pouvez également la parfumez de muscade fraîchement râpée.
La sauce harissa se fait à l'aide d'un mortier et d'un pilon. On la sert également pour agrémenter le couscous.
Si vous faites sécher à la poêle les graines de coriandre et de cumin avant de les moudre, la sauce n'en sera que plus parfumée.
On trouve de la sauce harissa de bonne qualité en conserve dans les rayons spécialisés des supermarchés.

Ôtez la peau, les graines et les fibres de la courge et coupez-la en morceaux.

Ajoutez le lait et le bouillon et laissez mijoter 20 min à découvert.

Mettez des gants de caoutchouc ou de coton avant de nettoyer les piments.

Ajoutez la sauce harissa à la soupe ou servez-la à part.

Caviar d'aubergine

Entrée classique.

Préparation :
40 minutes
Cuisson :
20 minutes
4 personnes

1 kg d'aubergines pelées et coupées en dés
1/3 de tasse d'huile d'olive
2 gousses d'ail finement hachées
poivre moulu
1 cuiller à café de paprika
3 petits pains pita
1 blanc d'œuf légèrement battu
2 cuillers à soupe de graines de cumin

1. Faites chauffer le four à 180°C.
2. Faites cuire les morceaux d'aubergine à la vapeur pendant 30 min.
3. Faites chauffer modérément l'huile dans une grande poêle.
4. Mettez-y les aubergines, ajoutez l'ail, le poivre et le paprika et réduisez le feu.
5. Remuez 10 min environ jusqu'à ce que les aubergines soient réduites en purée. Servez chaud sur du pain pita grillé.
6. Pain pita : coupez les petits pains en 2. Badigeonnez avec le blanc d'œuf et saupoudrez de graines de cumin. Faites griller au four 20 min. Coupez le pain pita en morceaux avant de servir.

Remarque : Les graines de cumin sont très utilisées dans la cuisine marocaine. Leur odeur et leur saveur ressemblent à celles des graines de carvi, mais elles sont plus corsées. Entières ou en poudre, elles accompagnent bien la viande de mouton grillée ou cuite à la vapeur.

LE SECRET

Si l'aubergine est préalablement cuite à la vapeur, une petite quantité d'huile est suffisante pour la faire frire. Les grosses aubergines se font dégorger au sel pour enlever l'amertume, ce qui n'est pas nécessaire si elles sont jeunes et tendres.

Faites cuire les morceaux d'aubergine à la vapeur pendant 30 min.

Mettez les aubergines dans l'huile chaude, ajoutez ail, poivre et paprika.

Remuez pendant 10 min jusqu'à ce que les aubergines soient réduites en purée.

Badigeonnez le pain de blanc d'œuf, saupoudrez-le de grains de cumin.

Cigares marocains

Hors-d'œuvre idéal.

Préparation : 40 minutes
Cuisson : 25-30 minutes
20 cigares

1 oignon moyen finement haché
1/3 de tasse d'huile d'olive
750 g de viande hachée, bœuf ou agneau maigres
2 cuillers à café de cannelle moulue
1/2 cuiller à café de quatre-épices
1/4 de cuiller à café de gingembre moulu
poivre moulu
1/2 tasse de persil frais haché
5 œufs
500 g de pâte en feuille
180 g de beurre fondu

1. Faites préchauffer le four à 150° C. Pour la farce : faites frire l'oignon, ajoutez la viande, mélangez bien et assaisonnez. Remuez le tout pendant 10-15 min avec une spatule de bois jusqu'à ce que la viande soit cuite et bien écrasée. Ajoutez le persil.
2. Battez légèrement les œufs dans un bol et versez-les sur la viande. Faites cuire en remuant 1 ou 2 min jusqu'à ce que l'appareil soit crémeux.
3. Vérifiez l'assaisonnement et ajoutez des épices si vous le désirez. Laissez refroidir.
4. Coupez chaque feuille de pâte en trois rectangles égaux. Disposez-les les uns sur les autres et couvrez d'un linge humide.
5. Badigeonnez un rectangle de beurre fondu.
6. Déposez une cuiller à café d'appareil sur une largeur, relevez le bord et les coins et roulez le cigare. Refaites la même opération pour chaque rectangle.
7. Beurrez un plat allant au four et placez-y les cigares. Badigeonnez avec le beurre fondu et faites dorer au four pendant 25-30 min. Servez chaud.

Écrasez la viande, l'oignon et les épices jusqu'à cuisson complète. Ajoutez le persil.

Versez les œufs battus et remuez jusqu'à l'obtention d'une consistance crémeuse.

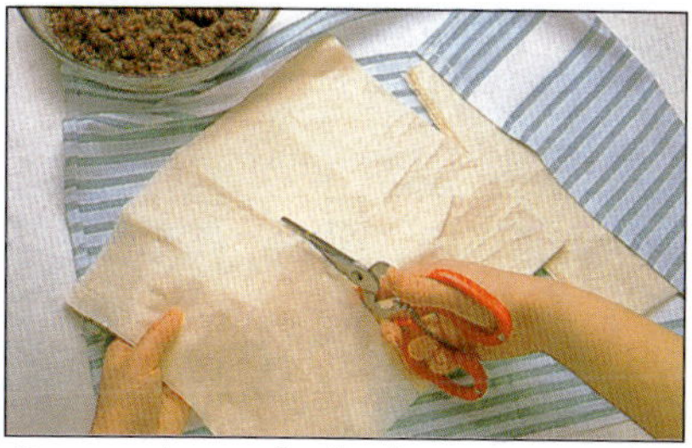

Coupez chaque feuille de pâte en trois rectangles. Couvrez d'un linge humide.

Relevez les bords de la pâte autour de la farce et enroulez pour former les cigares.

Cervelles à la marocaine

Plat chaud ou froid.

Préparation :
30 minutes + 1 heure
Cuisson :
15 minutes
4 personnes

4 cervelles d'agneau
vinaigre blanc
3 gousses d'ail finement hachées
1/4 de tasse d'huile d'olive
1 boîte de 450 g de tomates pelées
1 petit bouquet de persil haché
1 bouquet de coriande fraîche hachée
1 cuiller à café de paprika
1 pincée de poivre de Cayenne
1 cuiller à café de cumin moulu
1 cuiller à soupe de jus de citron
l'écorce d'un citron confit (cf. p. 4) coupée en lamelles

1. Faites dégorger les cervelles dans de l'eau vinaigrée pendant 1 heure.
2. Ôtez les fines membranes qui entourent les cervelles à l'aide d'une pique en bois et rincez. Coupez chaque lobe en morceaux.
3. Faites dorer l'ail à l'huile d'olive dans une poêle à fond épais. Ajoutez les tomates égouttées, le persil, la coriandre, le paprika, le poivre de Cayenne, le cumin, le jus de citron et l'écorce de citron confit. Laissez mijoter 5 min.
4. Ajoutez les cervelles et faites-les cuire doucement 10 min en les retournant souvent. Servez sans attendre.

Le secret

La coriandre fraîche est largement employée dans la cuisine marocaine, en particulier pour les salades. Certains sont séduits d'emblée par son parfum à la fois doux et aigrelet. Quant aux autres, c'est une question de temps. Vous trouverez la coriandre fraîche dans les magasins de primeurs ou sur les marchés. Vous pouvez aussi en planter sur votre balcon ou dans votre jardin, comme le persil.

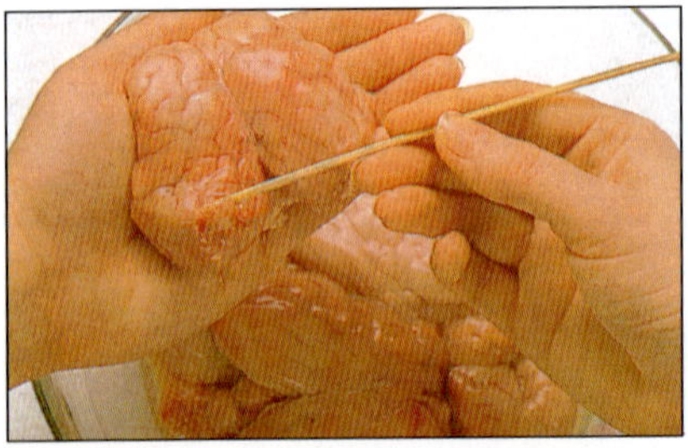

Ôtez les fines membranes qui entourent les cervelles à l'aide d'une pique en bois.

Rincez les cervelles à l'eau courante. Coupez les lobes en morceaux.

Ajoutez les tomates, les épices, le persil, le jus de citron et le citron confit.

Mettez les morceaux de cervelle dans la poêle et laissez cuire doucement 10 min.

Faites fondre à feu doux les oignons et l'ail dans l'huile et le beurre.

Ajoutez cannelle, paprika, cumin et coriandre. Laissez cuire quelques minutes.

LÉGUMES, SALADES, PAIN

Les combinaisons de couleurs de ces plats de légumes les rendent aussi appétissants que savoureux. Vous pourrez servir ces légumes seuls ou en garniture.

Lentilles et riz en salade

Préparation : 15 minutes
Cuisson : 30 minutes
6 personnes

1 tasse de lentilles brunes
1 tasse de riz Basmati
4 gros oignons rouges émincés
4 gousses d'ail finement hachée
1 tasse d'huile d'olive
50 g de beurre
2 cuillers à café de cannelle moulue
2 cuillers à café de paprika
2 cuillers à café de cumin moulu
2 cuillers à café de coriandre moulue
3 oignons frais finement hachés
poivre moulu

1. Faites cuire séparément à l'eau les lentilles et le riz. Égouttez-les.

2. Faites fondre à feu doux, dans un mélange d'huile et de beurre, les oignons et l'ail.

3. Incorporez la cannelle, le paprika, le cumin et la coriandre et mélangez. Laissez cuire quelques minutes.

4. Mélangez les oignons cuits aux lentilles et au riz bien égouttés. Incorporez les oignons frais et mélangez bien ; puis ajoutez le poivre. Mélangez et servez chaud.

LE SECRET

N'utilisez pas de lentilles rousses qui sont trop farineuses et s'écrasent facilement. Il n'est pas nécessaire de faire tremper les lentilles avant de les faire cuire, mais il faut les rincer abondamment.

Incorporez les oignons cuits aux lentilles et au riz bien égouttés.

Ajoutez les oignons frais au riz et aux lentilles. Poivrez.

Couscous aux légumes

Préparation :
40 minutes + 1 nuit
Cuisson :
2 heures
6 personnes

Un plat exotique.

2 tasses de pois chiches
1/3 de tasse d'huile
1 oignon finement haché
1 bâton de cannelle
200 g d'aubergine coupée en dés
3 carottes moyennes coupées en rondelles
3 pommes de terre nouvelles moyennes coupées en dés
150 g de courge coupée en dés
1 pincée de quatre-épices
3 cuillers à café de sauce harissa (cf. p. 8)
2 tasses d'eau bouillante
100 g de haricots verts fins sans fil coupés en morceaux de 5 cm
2 courgettes non pelées coupées en rondelles
1 tomate moyenne mûre coupée en huit
1 cuiller à soupe de persil haché
1 cuiller à soupe de coriandre fraîche hachée
poivre moulu

COUSCOUS
1 tasse de semoule
3/4 tasse d'eau bouillante
2 cuillers à café de beurre

1. Faites tremper les pois chiches dans l'eau froide une nuit. Lavez-les soigneusement et faites-les bouillir à feu doux pendant 1 h 30.
2. Faites chauffer l'huile dans une grande poêle à fond épais, jetez-y l'oignon coupé et la cannelle. Laissez fondre à feu doux.
3. Ajoutez aubergines, carottes et pommes de terre. Couvrez, faites cuire à feu doux 10 min en remuant avec une cuiller en bois.
4. Ajoutez la courge, les quatre-épices et la sauce harissa. Couvrez d'eau bouillante et ajoutez les pois chiches, les haricots verts et les courgettes. Au dernier moment, ajoutez les tomates.
5. Couvrez et laissez mijoter encore 15 min. Parsemez de coriandre fraîche et de persil hachés.
6. Le couscous : Dans une casserole, versez l'eau bouillante sur la semoule.
7. Ajoutez le beurre et laissez reposer 10 min environ.
8. Couvrez bien la casserole et mettez-la sur feu doux pendant 5 min. Servez avec les légumes.

Remarque : On appelle couscous aussi bien le plat préparé que la semoule.

LE SECRET

Si les aubergines sont jeunes et tendres, il n'est pas nécessaire de les faire dégorger avec du sel avant la cuisson.

Ajoutez les aubergines, les carottes et les pommes de terre aux oignons.

Ajoutez la courge, les quatre-épices, l'harissa et couvrez d'eau bouillante.

Ajoutez les pois chiches, les haricots verts et les courgettes, puis les tomates.

Incorporez le beurre et laissez reposer 10 min avant de faire gonfler à feu doux.

Haricots verts piquants

750 g de haricots verts
1/4 de tasse d'huile
2 gousses d'ail hachées
1 oignon rouge moyen émincé
6 tomates mûres pelées et coupées en dés
1 petit piment rouge coupé très fin
2/3 de tasse d'eau chaude

Préparation :
15 minutes
Cuisson :
25-30 minutes
4 personnes

1. Lavez les haricots verts et séchez-les au papier absorbant. Coupez les bouts.
2. Faites chauffer de l'huile dans une grande poêle. Mettez-y l'oignon et l'ail et laissez dorer. Puis ajoutez les tomates et le piment et laissez cuire encore 2 min. Ajoutez les haricots et remuez sur feu vif pendant 3 min.
3. Versez l'eau chaude sur les haricots et laissez cuire doucement 10 min. Ne les laissez pas trop cuire, ils sont meilleurs *al dente*. Servez chaud.

Le secret

Les oignons rouges sont quelquefois appelés oignons d'Espagne. Ils sont craquants et doux au palais, et conviennent parfaitement pour les salades. On peut aussi utiliser des petits oignons blancs frais vendus en bottes.

Lavez les haricots verts et séchez-les au papier absorbant. Coupez les bouts.

Faites dorer les oignons et l'ail. Ajoutez les tomates et le piment. Mélangez.

Ajoutez les haricots verts aux tomates et aux oignons et remuez sur feu vif.

Versez l'eau chaude sur les haricots et laissez-les cuire doucement 10 min.

Tajine de légumes

Préparation : 15 minutes
Cuisson : 30 minutes
4 personnes

4 grosses pommes de terre pelées et coupées en dés
2 navets moyens, pelés et coupés en dés
3 carottes moyennes, pelées et coupées en bâtonnets
4 courgettes moyennes coupées en demi-rondelles
3 tiges de céleri coupées en rondelles
1 gros oignon coupé en dés
1 litre d'eau
6 gousses d'ail
2 cuillers à soupe d'huile d'olive
1 petit piment rouge haché
1 cuiller à café de cumin moulu
2 cuillers à soupe de persil haché
1 oignon moyen finement émincé

1. Préparez les pommes de terre, les navets, les carottes, les courgettes, le céleri et l'oignon.

2. Porter l'eau à ébullition dans une grande casserole à fond épais.

3. Jetez tous les légumes dans l'eau bouillante et ajoutez l'ail. Laissez bouillir 15-20 min environ (cf. *Remarque*).

4. Faites chauffer l'huile dans une petite poêle et ajoutez-y le piment, le cumin, le persil et l'oignon émincé. Laissez dorer pendant 5 min à feu moyen.

5. Versez le contenu de la poêle sur les légumes en ébullition et laissez cuire encore 10 min. Le liquide doit être réduit et l'oignon cuit. Servez immédiatement.

Remarque :
Les courgettes étant plus vite cuites que les autres légumes, retirez-les au bout de 8 min d'ébullition et mettez-les dans la poêle.

Préparez les pommes de terre, navets, carottes, courgettes, céleri et oignons.

Portez l'eau à ébullition et jetez-y les légumes et l'ail. Laissez cuire.

Faites dorer le piment, le cumin, le persil et l'oignon à feu moyen pendant 5 min.

Versez le contenu de la poêle sur les légumes en ébullition et laissez cuire.

Carottes râpées aux amandes

Préparation : 15 minutes
Cuisson : 15 minutes
6 personnes

10 grosses carottes	***1 cuiller à café de cannelle moulue***
2 petits concombres	***1 cuiller à soupe de miel***
100 g de raisins secs	***3/4 de cuiller à soupe d'huile d'olive***
1 cuiller à soupe de jus de citron	***poivre moulu***
1/2 cuiller à café de gingembre moulu	***150 g d'amandes effilées***

1. Pelez et râpez grossièrement les carottes. Mettez dans un saladier avec les concombres et les raisins secs. Mélangez.
2. Dans un petit récipient à part, mélangez le jus de citron, le gingembre, la cannelle, le miel, l'huile d'olive et le poivre. Fouettez bien cette sauce.
3. Faites dorer légèrement les amandes effilées à feu doux.
4. Versez la sauce sur la salade, garnissez avec les amandes et servez.

LE SECRET

Les raisins secs seront plus appétissants si vous les faites gonfler 10 min dans l'eau.

Râpez les carottes. Mélangez-les avec les concombres et les raisins secs.

Faites dorer légèrement les amandes effilées à feu doux.

Versez la sauce sur les carottes et mélangez avec soin.

Garnissez avec les amandes et servez sans attendre.

Concombres à la menthe

Préparation :
15 minutes
Cuisson :
aucune
6 personnes

5 concombres de serre	***1/3 de tasse d'huile***
1/4 de tasse de menthe fraîche hachée	***1 cuiller à café d'eau de fleur d'oranger***
1 cuiller à soupe de jus de citron	***poivre moulu***
	écorce d'une orange

1. Pelez les concombres et coupez-les en fines rondelles Ajoutez la menthe.
2. Dans un petit récipient à part, mélangez le jus de citron, l'huile, la fleur d'oranger et le poivre. Fouettez bien cette sauce.
3. Versez la sauce sur les concombres et remuez.
4. Ôtez la peau blanche de l'écorce d'orange. Coupez l'écorce en fines lamelles, faites-les blanchir dans l'eau bouillante et disposez-les sur les concombres en guise de décoration. Servez.

LE SECRET

Les concombres de serre n'ont pas besoin de dégorger avant utilisation. Si vous utilisez des concombres de jardin, ôtez leurs graines et faites-les dégorger au sel 30 min pour enlever l'amertume.

Pelez les concombres et coupez-les en rondelles fines.

Mélangez la menthe hachée et les concombres. Préparez la sauce à part.

Versez la sauce sur les concombres et la menthe et remuez.

Ôtez la peau blanche de l'écorce d'orange, coupez-la en fines lamelles et faites blanchir

Poivrons verts en salade

Préparation :
15 minutes
Cuisson :
10 minutes
6 personnes

3 gros poivrons verts
3 tomates moyennes, mûres et fermes pelées et épépinées
VINAIGRETTE
1 cuiller à soupe de vinaigre
poivre moulu
1/2 cuiller à café de sucre en poudre
1 gousse d'ail pilée
1/4 de tasse d'huile d'olive

1. Coupez les poivrons en deux, ôtez-en les graines et faites-les griller du côté de la peau jusqu'à ce que celle-ci noircisse et se soulève.
2. Laissez refroidir, pelez et coupez les poivrons en dés.
3. Coupez les tomates, en dés.
4. Mélangez poivrons et tomates.
5. La vinaigrette : Mélangez le vinaigre, le poivre, le sucre, l'ail et l'huile d'olive.
6. Versez la sauce sur la salade et laissez reposer 10 min.

Remarque : L'ail qui pousse au Maroc est petit à la peau rouge. Il est plus doux que celui que nous connaissons.

Faites griller les poivrons pour que la peau se soulève. Laissez refroidir et pelez.

Coupez les poivrons et les tomates en dés de 2 cm.

Mélangez les tomates et les poivrons. Préparez la vinaigrette à part.

Versez la vinaigrette et laissez reposer 10 min avant de servir.

Salade d'oranges

Fruitée et rafraîchissante.

Préparation :
15 minutes
Cuisson :
aucune
6 personnes

6 oranges
8 dattes coupées en morceaux
1/4 de tasse d'amandes blanchies effilées
eau de fleur d'oranger
1 cuiller à café de menthe fraîche
cannelle moulue

1. Pelez soigneusement les oranges et coupez-les en rondelles.
2. Dans un plat peu profond, disposez les oranges, ajoutez les dattes et les amandes coupées et arrosez de fleur d'oranger.
3. Parsemez de petites feuilles de menthe fraîche, parfumez de cannelle et servez. Cette salade accompagne délicieusement la viande de canard froide.

Remarque : Pour blanchir les amandes : couvrez-les d'eau bouillante et laisser reposer 1 min. Égouttez et ôtez la peau qui se détache alors facilement. Coupez en tranches avec un couteau fin.

LE SECRET

L'eau de fleur d'oranger se vend en pharmacie, dans les épiceries et les magasins spécialisés.

Lavez et pelez les oranges en enlevant toute la peau blanche.

Coupez les oranges en rondelles régulières et disposez-les sur un plat.

Mélangez les rondelles d'oranges, les dattes et les amandes effilées.

Arrosez de fleur d'oranger, parsemez de menthe fraîche et parfumez de cannelle.

Khobz (galette au sésame)

Préparation : 1 heure
Cuisson : 12 minutes
16 galettes

2 1/2 tasses de farine
1 cuiller à café de sucre en poudre
1 cuiller à café de sel
7 g de levure
1 1/4 tasse d'eau tiède
1/2 cuiller à café de paprika
1/3 de tasse de farine de maïs
1 cuiller à soupe d'huile
1 œuf
2 cuiller à soupe de graines de sésame

1. Faites chauffer le four à 180° C. Mélangez 1/2 tasse de farine, le sucre, le sel, la levure et l'eau. Couvrez et laissez reposer au chaud jusqu'à la formation de mousse.

2. Ajoutez le reste de la farine, le paprika, la farine de maïs et l'huile. Mélangez et pétrissez la pâte qui doit être ferme et lisse. Couvrez-la et laissez-la reposer 20 min.

3. Partagez-la en 16 morceaux, roulez-les en boules et aplatissez-les au rouleau.

4. Disposez les galettes sur une plaque beurrée, badigeonnez d'œuf battu et parsemez de graines de sésame. Laissez gonfler et passez au four 12 min.

Ajoutez le mélange de farine et levure aux restes des ingrédients.

Pétrissez cette pâte qui doit être ferme et lisse. Laissez reposer au chaud.

Partagez la pâte en 16 morceaux, roulez-les en boules et aplatissez-les au rouleau.

Badigeonnez avec l'œuf battu, parsemez de graines de sésame et passez au four.

Recouvrez le poisson de la moitié de sauce restante.

Parsemez le reste des amandes et couvrez d'un papier d'aluminium.

POISSONS

Le poisson est très abondant près des côtes marocaines. On le fait souvent mariner avant la cuisson pour en tirer le maximum de saveur. Le résultat n'est jamais décevant.

Poisson entier au four

Épicé.

Préparation : 30 minutes + 2 heures
Cuisson : 45 minutes
4-5 personnes

1 poisson entier nettoyé de 1,5 kg
1/2 cuiller à café de sel
2 cuillers à soupe de jus de citron
2 oignons coupés en rondelles de 1 cm
3 gousses d'ail pilées
2 cuillers à soupe d'huile d'olive
1 poivron vert coupé en lamelles
1 poivron rouge coupé en lamelles
1 ou 2 piments rouges coupés fin
1/2 cuiller à café de curcuma moulu
1/2 cuiller à café de curry en poudre
5 ou 6 petites tomates coupées
2 cuillers à soupe de sauce tomate
2 cuillers à soupe de persil ou de coriandre fraîche, hachés
80 g d'amandes blanchies, effilées et légèrement grillées
1 citron coupé en tranches

1. Faites chauffer le four à 180° C. Frottez le poisson avec du sel et piquez-le à la fourchette plusieurs fois de chaque côté. Mettez dans un plat et arrosez de jus de citron. Laissez reposer 2 heures.
2. Faites cuire les oignons et l'ail dans l'huile d'olive. Ajoutez les poivrons, les piments, le curcuma et le curry. Laissez mijoter quelques minutes. Ajoutez les tomates, la sauce tomate et la coriandre ou le persil hachés.
3. Dans un plat allant au four, mettez la moitié des amandes blanchies, la moitié de la sauce puis le poisson et sa marinade. Couvrez du reste de sauce et parsemez du reste d'amandes. Couvrez de papier d'aluminium.
4. Faites cuire au four pendant 30 min, enlevez le papier d'aluminium et laissez encore 10-20 min au four. Une fois cuit, le poisson doit rester ferme. Servez-le immédiatement garni des tranches de citron.

LE SECRET

Le persil se conserve très bien au réfrigérateur dans un verre d'eau.

Brochettes de poisson aux tomates fraîches

Préparation :
30 minutes
+ 3 heures
Cuisson :
5-10 minutes
6 personnes

750 g de filets de poisson blanc sans la peau
1 oignon rouge moyen haché
1 gousse d'ail pilée
2 cuillers à soupe de coriandre fraîche hachée
1/3 de tasse de persil haché
1/2 cuiller à café de paprika
1/4 de cuiller à café de piment rouge en poudre
1/3 de tasse d'huile d'olive
2 cuillers à soupe de jus de citron

SAUCE TOMATE
4 grosses tomates bien mûres, pelées, épépinées et coupées en morceaux
2 petits piments rouges coupés en deux, épépinés et finement émincés
4 oignons frais finement émincés avec quelques tiges vertes
1/2 bouquet de coriandre fraîche finement hachée
1/2 tasse d'huile d'olive vierge extra
poivre moulu
jus de citron (facultatif)
1 oignon rouge finement haché (facultatif)

1. Coupez les filets de poisson en dés de 2 cm. Mélangez l'oignon, l'ail, la coriandre, le persil, le paprika, le piment rouge, l'huile d'olive et le jus de citron. Versez sur le poisson, remuez et laissez mariner 2 heures au moins.
2. Enfilez les dés de poisson sur des brochettes et faites-les griller en les retournant souvent. Tous les côtés doivent être dorés.
3. Sauce tomate : Pelez les tomates, ôtez les graines et coupez menu. Mélangez avec les piments hachés, les oignons frais hachés (vous aurez gardé un peu de vert), la coriandre et l'huile d'olive. Poivrez.
4. Vous pouvez ajouter du jus de citron et un oignon haché.
5. Laissez reposer au réfrigérateur pendant au moins 1 heure avant de servir cette sauce avec le poisson.

Remarque : Les brochettes peuvent se faire au barbecue. Cette sauce aux tomates fraîches, appelée salsa, est une excellente sauce froide qui accompagne le poisson grillé ou frit. Laissez les tomates égoutter pendant 30 min au moins pour enlever l'excès de liquide.

LE SECRET
L'huile d'olive vierge extra provient de la première pression des olives à froid, de sorte que toute la saveur naturelle est conservée.

Versez la marinade sur le poisson, remuez bien et laissez reposer 2 heures au moins.

Enfilez les dés de poisson sur des brochettes à intervalles réguliers.

Faites griller le poisson en retournant souvent pour qu'il soit doré de tous côtés.

Mélangez les ingrédients de la sauce et laissez reposer 1 heure au réfrigérateur.

Truites aux dattes

Préparation :
30 minutes
Cuisson :
25 minutes
2 personnes

2 truites moyennes
1 tasse de dattes coupées en morceaux
1/4 de tasse de riz cuit
1 oignon haché
1/4 de tasse d'amandes effilées
2 cuiller à soupe de coriande fraîche hachée
1/2 cuiller à café de cannelle en poudre
30 g de beurre fondu
1/4 de cuiller à café de poivre moulu
1/4 de cuiller à café de gingembre moulu
1 cuiller à café de sucre en poudre
1/4 de cuiller à café de cannelle en poudre

1. Faites chauffer le four à 160° C. Nettoyez les truites, rincez-les et séchez-les.
2. Mélangez les dattes, le riz, l'oignon, les amandes, la coriandre et une grosse pincée de cannelle.
3. Farcissez les poissons de ce mélange et refermez à l'aide de bâtonnets. Posez les truites sur la plaque du four.
4. Badigeonnez de beurre fondu, saupoudrez d'un mélange de poivre, gingembre moulu et sucre. Passez au four 20 min jusqu'à ce que les truites soient dorées. Parsemez de cannelle au moment de servir.

LE SECRET

La cannelle est un condiment d'un rouge brun, au parfum doux et épicé. Il s'agit de l'écorce d'un arbre tropical qui, lorsqu'elle est moulue, dégage une huile essentielle très aromatique. L'arôme et la saveur de la cannelle moulue, utilisée modérément, agrémentent délicieusement les plats de poisson. La viande de gibier est excellente enrobée avant cuisson d'un mélange de cannelle, de poivre, de gingembre, de clou de girofle et de macis. Gardez-la dans un récipient fermé.

Hachez dattes, oignons, amandes, coriandre et cannelle.

Mélangez les dattes, le riz, les oignons, les amandes, la coriandre et la cannelle.

Farcissez les poissons de ce mélange et refermez à l'aide de bâtonnets.

Badigeonnez les poissons de beurre fondu et saupoudrez de sucre et d'épices.

Faites rôtir les morceaux de poulet sans les laisser cuire entièrement.

Versez le reste de l'huile et faites cuire les oignons et les poivrons à feu doux.

VOLAILLES

Cannelle, coriandre, cumin, ne sont que quelques-uns des nombreux condiments qui parfument ces délicieuses recettes de volailles.

Poulet aux olives

Servir avec du riz.

Préparation : 30 minutes + 1 heure
Cuisson : 40 minutes
6 personnes

12 morceaux de poulet
1 cuiller à café de cannelle en poudre
1 cuiller à café de gingembre moulu
1 pincée de curcuma
1 cuiller à café de paprika
1 pincée de poivre
1/4 de tasse d'huile d'olive
2 oignons hachés
1 poivron rouge haché
1/4 de tasse de coriandre fraîche hachée
1$^{1/2}$ tasse de bouillon de poulet
4 écorces de citron confit, râpées (cf. p. 4)
2 cuillers à soupe de jus de citron
1 tasse d'olives vertes

1. Enrobez les morceaux de poulet du mélange d'épices et mettez-les dans un grand plat. Couvrez et laissez reposer 1 heure. Faites juste dorer le poulet. Réservez dans une cocotte.
2. Faites cuire les oignons et les poivrons 5 min à feu doux, en remuant de temps en temps. Versez dans la cocotte avec le poulet.
3. Ajoutez la coriandre, le bouillon, l'écorce confite, le jus de citron et les olives.
4. Couvrez et laissez mijoter pendant 40 min jusqu'à cuisson complète du poulet. La sauce aura réduit.

Remarque: Liez la sauce à la farine de maïs.

Versez la coriandre et le bouillon sur le poulet et remuez.

Ajoutez les olives, l'écorce et le jus de citron et laissez mijoter pendant 40 min.

Poulet farci au persil

Préparation :
15-20 minutes
Cuisson :
1 h 30
6-8 personnes

1 kg de tomates bien mûres, pelées, épépinées et coupées en dés
1 gros bouquet de persil, finement haché
2 branches de céleri, coupées menu
l'écorce d'un citron confit, finement hachée (cf. p. 4)
poivre moulu
1 pincée de piment rouge ou de poivre de Cayenne
2 poulets de 1,4 kg environ
15 g de beurre
2 tasses d'eau
30 g de beurre fondu
cumin en poudre
sel de mer

1. Faites chauffer le four à 180° C. Pelez les tomates et coupez-les menu. Mélangez avec le persil, le céleri et l'écorce de citron. Saupoudrez de poivre et de piment.

2. Remplissez chaque poulet de cette farce et ajoutez un petit morceau de beurre.

3. Mettez les poulets dans un plat allant au four et versez-y l'eau. Badigeonnez de beurre fondu et couvrez de papier d'aluminium.

4. Laissez cuire 1 h 30 environ jusqu'à ce que les poulets soient tendres.

5. Servez tout de suite et accompagnez de cumin en poudre et de sel de mer.

Remarque : Le persil, abondamment utilisé dans la cuisine marocaine est le persil à feuilles plates. Son parfum et sa saveur sont plus corsés que ceux du persil frisé et il n'est pas difficile à trouver.

LE SECRET

Pendant les mois d'hiver, prenez plutôt des tomates en conserve. 1 kg de tomates correspond à 2 boîtes de 425 g de tomates entières, pelées et égouttées. Ce plat peut aussi se manger froid.

Mélangez tomates, persil, céleri, écorce de citron. Ajoutez le poivre et le piment.

Remplissez chaque poulet de cette farce et ajoutez un petit morceau de beurre.

Mettez les poulets dans un plat allant au four et arrosez de 2 tasses d'eau.

Badigeonnez les poulets au beurre fondu, couvrez de papier d'aluminium.

Poulet à la marocaine

Fondant et parfumé.

Préparation :
30 minutes +
1 nuit
Cuisson :
1 h 15
6 personnes

12 morceaux de poulet	***125 g de pois chiches trempés 1 nuit***
1/2 cuiller à café de paprika	***3 tasses de bouillon de poulet***
1/2 cuiller à café de cumin en poudre	***1/3 de tasse de persil haché***
poivre moulu	***1 cuiller à soupe de thym (voir Remarque)***
750 g d'oignons émincés	***250 g de riz cuit***
100 g de beurre	***jus de citron***
1/4 de cuiller à café de safran ou de curcuma	

1. Assaisonnez les morceaux de poulet avec le paprika, le cumin et le poivre.
2. Faites-les dorer au beurre avec les oignons émincés, dans une grande poêle.
3. Saupoudrez le poulet de safran, ajoutez les pois chiches et couvrez de bouillon. Laissez mijoter sans couvrir pendant 1 heure jusqu'à ce que le poulet soit cuit.
4. Juste avant de servir, parsemez de persil haché et de thym.
5. Dans le plat de service, mettez le riz, les morceaux de poulet et versez la sauce par-dessus. Arrosez de jus de citron et servez.

Remarque : Le thym est l'un des condiments les plus utilisés dans la cuisine marocaine. La variété *citriodorus*, employée dans cette recette, a, comme son nom l'indique, un agréable parfum citronné.

LE SECRET

Le paprika, d'une belle couleur rouge, s'utilise pour colorer et parfumer de nombreux tagines marocains et une grande variété de salades.

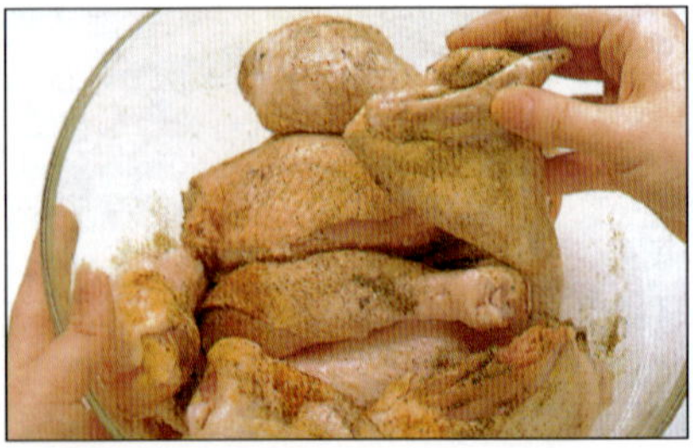

Assaisonnez les morceaux de poulet de paprika, de cumin et de poivre.

Saupoudrez régulièrement de safran en poudre et ajoutez les pois chiches.

Couvrez les morceaux de poulet avec le bouillon et laissez mijoter.

Avant de servir, parsemez de persil haché et de thym.

Pastilla (feuilleté fourré au poulet)

Préparation :
45 minutes
Cuisson :
2 h 15
8 personnes

FARCE
1 poulet de 1,6 kg environ
1 gros oignon haché
1 gros bouquet de persil haché
1 bouquet de coriandre fraîche hachée
1/4 de cuiller à café de curcuma
1/4 de cuiller à café de safran en poudre
2 cuiller à soupe d'huile
1 cuiller à café de gingembre moulu
1 cuiller à café de cannelle en poudre
$1^{1/2}$ tasse d'eau

SAUCE ET PÂTE
5 œufs battus
1 tasse de sucre glace
cannelle en poudre
poivre moulu
500 g de pâte en feuilles
250 g de beurre doux fondu
1 tasse d'amandes pilées
1 supplément de cannelle en poudre
1 tasse supplémentaire de sucre glace

1. Faites chauffez le four à 180° C. Dans un plat allant au four, mettez l'eau, le poulet, les oignons, le persil, la coriandre, le curcuma, le safran, l'huile, le gingembre et la cannelle. Faites cuire 1 h 30. Sortez le poulet et laissez-le refroidir. Ôtez la peau et les os et effilez la chair.
2. Dégraissez le liquide et versez-le dans une casserole de taille moyenne. Faites-le frémir et ajoutez les œufs battus, le sucre et la cannelle. Poivrez à votre goût et laissez épaissir.
3. Chauffez le four à 190° C. Beurrez un moule à tarte de 20 cm de diamètre.
4. Mettez une feuille de pâte dans le moule et badigeonnez de beurre fondu. Mettez-en une deuxième et beurrez-la. Recommencez jusqu'à sept feuilles de pâte superposées. Parsemez sur la dernière un mélange d'amandes pilées, de cannelle et de sucre glace.
5. Étalez la sauce et ajoutez la viande effilée. Relevez les bords de la pâte et beurrez. Étendez, beurrez et superposez quatre feuilles de pâte que vous aurez découpées à la mesure du moule. Beurrez encore quelques feuilles de pâte et formez-en des roses que vous disposerez sur le dessus. Beurrez.
6. Faites dorer au four pendant 30-45 min. Saupoudrez du reste du mélange d'amandes pilées.

LE SECRET

Les épices en poudre conservent leur saveur plus longtemps au réfrigérateur.

Désossez le poulet cuit et refroidi, ôtez la peau, effilez la chair.

Ajoutez au liquide de cuisson les œufs battus, le sucre, la cannelle et le poivre.

Étalez la farce sur les couches de pâte légèrement beurrées. Relevez les bords.

Façonnez des roses avec les feuilles de pâte et décorez-en le dessus du feuilleté.

Beurrez le gigot avec la moitié du beurre et poivrez-le généreusement.

Mélangez l'oignon, l'ail et les épices. Ajoutez l'huile d'olive et l'eau. Battez.

VIANDES

Que la viande soit marinée, doucement rôtie ou encore mijotée dans une sauce épicée, ces plats en fête vous mettront l'eau à la bouche.

Agneau rôti aux épices

Préparation : 30 minutes
Cuisson : 1 h 30-2 heures
6 personnes

1 gigot de 3 kg
100 g de beurre ramolli
poivre moulu
1 gros oignon rouge haché
2 gousses d'ail pilées
1/2 cuiller à café de cumin en poudre
1/4 de cuiller à café de cannelle en poudre
1/4 de cuiller à café de gingembre moulu
1 petite pincée de piment en poudre
1 pincée de safran
1/3 de tasse d'huile d'olive
eau

1. Faites chauffer le four à 175° C. Beurrez le gigot avec la moitié du beurre et poivrez-le généreusement.

2. Mettez dans un récipient l'oignon, l'ail et les épices. Ajoutez l'huile d'olive et mouillez d'eau. Battez soigneusement ce mélange avec un petit fouet ou une fourchette.

3. Enrobez le gigot de la moitié de la sauce ; étalez l'autre moitié dans un plat allant au four, suffisamment grand pour que le gigot y soit à l'aise, ajoutez le reste du beurre et mettez-y le gigot.

4. Laissez reposer à température ambiante 1 heure au moins avant de mettre au four.

5. Faites cuire 1 h 30-2 heures en arrosant souvent avec le jus de cuisson. Le gigot doit être doré et la peau bien craquante.

Étalez la moitié de la sauce sur le gigot, l'autre moitié dans le plat de cuisson.

Faites cuire et dorer au four en arrosant souvent avec le jus de cuisson.

Agneau aux fèves et aux artichauts

Préparation :
15 minutes +
Cuisson :
1 h 30
6 personnes

2 kg de côtelettes d'agneau premier choix, parées
1 1/2 cuiller à café de gingembre moulu
1 cuiller à café de safran en poudre
2 gousses d'ail, pilées
2 cuillers à soupe d'huile végétale
poivre moulu
3 tasses d'eau
1 kg de fèves écossées
1 boîte de 440 g de cœurs d'artichauts
l'écorce d'un citron confit (cf. p. 4)
1 cuiller à soupe de jus de citron
10 petites olives noires ou vertes

1. Dans une casserole à fond épais, mettez les côtelettes, le gingembre, le safran, l'ail, l'huile et le poivre.
2. Ajoutez de l'eau, couvrez et laisser cuire à feu doux pendant 1 h 30 jusqu'à la cuisson de la viande. Ajoutez de l'eau si nécessaire pour que la viande en soit toujours recouverte.
3. Sortez la viande et dégraissez le liquide.
4. Faites cuire les fèves à l'eau bouillante pendant 6 min environ, égouttez-les et réservez dans un récipient à part.
5. Faites réduire et épaissir légèrement le jus de cuisson de la viande.
6. Remettez-y la viande et ajoutez les fèves, les cœurs d'artichauts et l'écorce de citron confit coupée menu. Laissez mijoter à découvert pendant 15 min sur feu très doux.
7. Avant de servir, arrosez de jus de citron et parsemez d'olives.

Le secret

Vous pouvez remplacer les artichauts par des tomates en boîte, pelées.

Couvrez d'eau la viande et les épices et laissez cuire à feu doux.

Faites cuire les fèves à l'eau bouillante 6 min environ et égouttez-les.

Remettez la viande dans le jus de cuisson réduit et ajoutez les fèves.

Ajoutez les artichauts et l'écorce de citron confit. Mélangez.

Agneau grillé sauce chermoula

Faites mariner une nuit.

Préparation :
25 minutes + 3 heures
Cuisson :
45 minutes
6 personnes

1 oignon moyen, râpé
2 gousses d'ail pilées
4 cuillers à soupe de persil haché
4 cuillers à soupe de coriandre fraîche hachée
1/2 cuiller à café de cumin en poudre
1/2 cuiller à café de safran
1/2 cuiller à café de sauce harissa (cf. p. 8)
1/2 tasse d'huile d'olive
2 cuillers à soupe de jus de citron
1 gigot d'une livre

1. Sauce chermoula : Mélangez l'oignon, l'ail, le persil, la coriandre, le cumin, le safran, la sauce harissa, l'huile d'olive et le jus de citron et laissez reposer pendant 1 heure.
2. Désossez le gigot en coupant verticalement depuis le haut vers la souris et autour de l'os que vous gratterez bien avant de l'enlever. Fendez la partie la plus épaisse de la pièce et ouvrez celle-ci à plat.
3. Enrobez de sauce chermoula les deux côtés de la viande et faites mariner au moins 2 heures.
4. Faites griller la viande pendant 45 min environ en la retournant souvent.
5. Disposez sur un plat de service, coupez en tranches épaisses. Servez.

Remarque : La sauce harissa est un condiment piquant largement utilisé au Maroc. Ses ingrédients de base sont le piment rouge, le poivre de Cayenne, l'ail et l'huile d'olive, et sa consistance est celle d'une mayonnaise légère. Délicieuse avec des œufs pochés ou des saucisses.

Préparez tous les ingrédients de la sauce chermoula.

Mélangez bien tous les ingrédients de la chermoula et laissez reposer 1 heure.

Désossez le gigot, fendez la partie épaisse et ouvrez-le.

Enrobez de sauce chermoula les deux côtés de la viande et laissez mariner.

Tajine d'agneau aux coings

Préparation : 30 minutes
Cuisson : 1 heure
6 personnes

1 kg d'épaule d'agneau coupée en dés de 2 cm
2 gros oignons coupés en dés de 1 cm
poivre moulu
1/2 cuiller à café de paprika en poudre
1 bouquet de coriandre fraîche hachée
1/4 cuiller à café de safran en poudre
1/2 cuiller à café de gingembre moulu
500 g de coings pelés et nettoyés
60 g de beurre
1 tasse de pruneaux que vous ferez tremper auparavant

1. Dans une grande casserole à fond épais, mettez les dés de viande et la moitié des oignons coupés, saupoudrez de poivre et de paprika selon votre goût et couvrez d'eau.

2. Ajoutez la coriandre fraîche hachée, le safran et le gingembre. Portez à ébullition puis baissez le feu, couvrez et laissez mijoter pendant 1 heure jusqu'à ce que la viande soit tendre.

3. Coupez les coings en dés de la même dimension que ceux de la viande. Faites-les dorer au beurre avec l'autre moitié des oignons.

4. À mi-cuisson de la viande, ajoutez les coings, les oignons et les pruneaux ramollis. Servez sur un plat chaud.

Remarque : Le paprika existe en version piquante et demi-piquante. Si vous préférez un goût plus relevé, choisissez le paprika piquant.

Le secret

Vous pouvez remplacer les pruneaux par des dattes et les coings par des poires. Rien ne vous empêche d'utiliser une combinaison de ces quatre fruits.

Assaisonnez la viande et l'oignon de poivre et de paprika. Couvrez d'eau.

Ajoutez la coriandre fraîche, le safran et le gingembre. Remuez et laissez mijoter.

Faites dorer les coings au beurre avec les oignons.

À mi-cuisson de la viande, ajoutez les coings, les oignons et les pruneaux.

Boulettes de viande au riz

Préparation :
30 minutes
Cuisson :
45 minutes
8 personnes

200 g de riz rond
500 g d'agneau ou de bœuf hachés
1 cuiller à café de cannelle en poudre
1 cuiller à café de paprika doux
1 cuiller à café de coriandre en poudre
150 g de beurre
2 gros oignons hachés
1/4 de cuiller à café de safran en poudre
poivre moulu
2 tasses d'eau ou de bouillon léger
1/4 de tasse de persil haché
2 cuillers à soupe de jus de citron

1. Mélangez à la fourchette le riz et la viande hachée, ajoutez la cannelle, le paprika et la coriandre. Façonnez avec ce mélange une vingtaine de petites boulettes de taille égale.
2. Faites fondre le beurre dans une cocotte.
3. Faites rissoler les boulettes par petites quantités en les retournant souvent.
4. Quand toutes les boulettes sont dorées, ajoutez les oignons, le safran et le poivre.
5. Versez l'eau ou le bouillon dans la cocotte, couvrez et faites cuire à feu moyen 40 min environ en remuant de temps en temps.
6. Ajoutez le persil et le jus de citron et laissez mijoter encore quelques minutes. Servez accompagné de salade ou de légumes verts.

LE SECRET

Le persil à feuilles plates a beaucoup plus de saveur que le persil à feuilles frisées.
Le safran moulu s'achète dans la plupart des supermarchés, en petits sachets. Si vous n'arrivez pas à en trouver, vous pouvez faire sécher à la chaleur des brins de safran et les moudre vous-même.

Mélangez le riz, la viande hachée, la cannelle, le paprika et la coriandre.

Façonnez une vingtaine de boulettes de taille à peu près égale.

Quand toutes les boulettes sont dorées, ajoutez les oignons, le safran et le poivre.

Versez l'eau ou le bouillon sur les boulettes, couvrez et faites cuire 40 min environ.

Arrosez de jus d'orange et de citron les tranches de pommes et de poires.

Pelez les bananes, coupez-les finement en biais et ajoutez-les aux autres fruits.

DESSERTS

Les fruits splendides que l'on trouve au Maroc sont une manière rafraîchissante de terminer un repas. Les gâteaux et les confiseries sont réservés pour les grandes occasions.

Salade de fruits marocaine

Préparation : 20 minutes
Cuisson : Aucune
6 personnes

2 pommes
2 poires
2/3 de tasse de jus d'orange
1 cuiller à soupe de jus de citron
2 bananes
2 cuillers à soupe d'eau de fleur d'oranger
l'écorce d'une orange
sucre glace
1 barquette de fraises nettoyées et coupées en deux
quelques feuilles de menthe fraîche

1. Enlevez le cœur des pommes et des poires et coupez-les en tranches fines.
2. Mettez-les dans un saladier et arrosez de jus d'orange et de citron pour qu'elles restent blanches.
3. Pelez les bananes et coupez-les en tranches fines. Ajoutez-les aux autres fruits et remuez délicatement. Arrosez d'eau de fleur d'oranger et saupoudrez de sucre glace.
4. Ajoutez les fraises et parsemez de feuilles de menthe.
5. Coupez l'écorce d'orange en lanières et faites blanchir 5 min dans l'eau ou un léger sirop. Égouttez et disposez sur les fruits.

Remarque : Les fraises coupées dégagent plus d'arôme que les fraises entières.

LE SECRET

Choisissez des fraises charnues et bien mûres, d'une belle couleur régulière, avec des tiges vertes et fraîches.

Ajoutez les fraises coupées en deux à la salade et décorez de feuilles de menthe.

Coupez l'écorce d'orange en lanières et faites-les blanchir 5 min dans un sirop.

Macarons aux amandes

Préparation :
30 minutes
Cuisson :
15-20 minutes
6 personnes

150 g de sucre glace passé au tamis
1 œuf battu
225 g d'amandes pilées
2 cuillers à café de zeste de citron
1 cuiller à café d'essence de vanille
1/4 de cuiller à café de cannelle en poudre
sucre glace pour la décoration

1. Faites chauffer le four à 180° C. Dans un grand saladier, battez le sucre glace et l'œuf jusqu'à ce que ce mélange devienne blanc.
2. Dans un autre récipient, mélangez les amandes pilées, l'écorce de citron, l'essence de vanille et la cannelle. Incorporez doucement à l'œuf battu.
3. Travaillez cette pâte 5 min jusqu'à ce qu'elle soit souple. Couvrez-la d'un linge et laissez reposer 15 min.
4. Farinez légèrement le plan de travail et roulez la pâte en forme de saucisse de 4 cm environ de diamètre. Coupez-la en 24 tranches et faites de chaque tranche une boule régulière.
5. Huilez vos mains et aplatissez chaque boule en macarons de 4 cm environ.
6. Mettez-les sur une plaque beurrée en laissant suffisamment d'espace pour qu'ils puissent gonfler et saupoudrez-les de sucre glace. Faites dorer 15-20 min les macarons. Laissez-les refroidir et gardez-les dans une boîte hermétique.

Remarque : Vous pouvez servir ces macarons en accompagnement de la salade de fruits à la marocaine (cf. p. 59).

LE SECRET

Les amandes sont très utilisées en cuisine. Gardez-les dans une boîte hermétique, au frais et à l'abri de la lumière.

Mélangez l'œuf et le sucre et ajoutez les amandes pilées.

Sur un plan fariné, roulez la pâte en saucisse et coupez-la en 24 tranches.

Huilez vos mains et aplatissez chaque boule en macarons de 4 cm environ.

Mettez-les sur une plaque beurrée et saupoudrez de sucre glace.

Pain frit à la cannelle

Préparation :
15 minutes
Cuisson :
10 minutes
4-6 personnes

1/2 baguette de pain
1 ou 2 œufs
1 tasse de lait
1/2 cuiller à café d'essence de vanille
beurre
1/4 de tasse de sucre en poudre
1 cuiller à soupe de cannelle en poudre
1/2 cuiller à café de noix muscade râpée

1. Coupez la baguette en tranches diagonales de 2 cm d'épaisseur.
2. Battez les œufs, ajoutez le lait et la vanille et mélangez.
3. Faites fondre le beurre.
4. Dans une assiette, mélangez le sucre, la cannelle et la noix muscade.
5. Trempez les tranches de pain dans le mélange d'œuf et de lait et faites-les frire dans le beurre jusqu'à ce qu'elles soient dorées et croustillantes des deux côtés. Mettez sur du papier absorbant et tout de suite après roulez-les dans l'assiette. Ajoutez du beurre dans la poêle si nécessaire.

Remarque : Le pain frit accompagne délicieusement le café du petit déjeuner.

Coupez la baguette en tranches diagonales de 2 cm d'épaisseur.

Dans un saladier, battez soigneusement les œufs, le lait et l'essence de vanille.

Trempez les tranches de pain dans le mélange d'œuf et de lait et faites-les frire.

Passez le pain frit dans le sucre parfumé de vanille et de cannelle.

INDEX